컷

리메이크: 2025년 9월

장르: 모험, 코미디, 다큐, 드라마, 가족

러닝타임: 166440시간

등급: 전체관람가

감독: 봉, 화

출연진: 별, 봄

배급: 곰단지

*그림: 별

*그림: 봄

〈줌 인〉

뭐 대단한 건 아니라는 거.
그렇다고 쉬운 것도 아니라는 거.
어쩌면 독립영화 같기도 하다는 거.
잔잔한 감동과 여운과 깊이가 있다는 거.
아이를 키우는 부모가 된다는 건 이런 거.

너희들의 이야기를 들려주고 싶다는 거.
우리들의 이야기를 말해 주고 싶었다는 거.
너희의 존재로 인해 우리는 부모가 된다는 거.

아이들이 주는 인생의 감정을 나누고 싶다는 거.
서로가 서로를 안아주고 키워가고 만들어 준다는 거.
그렇게 육아(育兒)가 육아(育我)를 한다는 거.

상영순서

⟨줌 인⟩ ··· 9

레디 ·· 15

액션 ·· 21

    S#1. 너를 만나기로
    S#2. 너무 작은
    S#3. 너에게 고백할
    S#4. 그러고 보니
    S#5. 주변에 엄마보다
    S#6. 네가 우는
    S#7. 어떤 날은
    S#8. 너를 만나러
    S#9. 한낮에 왜
    S#10. 젖병을 꼭
    S#11. 동생은 두
    S#12. 이유식이 된장찌개에

S#13. 업고 잡고

S#14. 회식한 날

S#15. 예쁜 아기

S#16. 가끔은 너희

S#17. 오른쪽 엄지손가락

S#18. 차에서 잠들면

S#19. 옷 사러

S#20. 허스키한 네

S#21. 도대체 머리를

S#22. 그러고 보니

S#23. 네 얼굴이

S#24. 아이고 허리야

S#25. 돼지인형에 링겔을

S#26. 그거 알아

S#27. 별이가 이렇게

S#28. 할아버지의 사랑은

S#29. 할아버지 생각하니

S#30. 교육이 필요한

S#31. 엄마 아빠가

S#32. 선배를 미리

S#33. 옷 좀

S#34. 오늘 또

S#35. 어린이집 등교시간보다

S#36. 그런데 다

S#37. 워터파크 놀러갔다가

S#38. 엄마 여기

S#39. 어른이 환생한

S#40. 살짝 밀었는데

S#41. 맨날 늦게

S#42. 너희들 생일파티

S#43. 엄마들 중에

S#44. 그러니까 네

S#45. 사실 엄마가

S#46. 달빛 학부모

S#47. 등나무 벤치

S#48. 그 후로

S#49. 우리는 밤

S#50. 아이고 새댁

S#51. 너희들 요즘

S#52. 언제는 언니가

S#53. 아침 출근을
S#54. 친구가 사과하면
S#55. 별아 내가
S#56. 검도학원 사범님
S#57. 엄마는 혼내다가
S#58. 어릴 때부터
S#59. 꼭 공부
S#60. 엄마 나

컷 107

뒷풀이 111

〈줌 아웃〉 129

레디
Ready

컷

레디

 어느 날은 꼬물거리는 네 움직임이 내 배를 간질간질 간지럽히고, 또 어떤 날은 너무 신나게 노는 것처럼 느껴져서 네 발이 금방이라도 배 밖으로 튀어나올 것 같아.

 그런데 또 어떤 날은 너무 조용해서 걱정이 되기도 해.

 그럴 땐 일부러 배를 톡톡 두드리며, "낮잠 그만 자고 일어나자~" 하고 말을 걸어보기도 하지. 아빠는 엄마 배에 귀를 대고 너희에게 동화책을 읽어준단다.

 두 장쯤 읽고 나면 큰 하품을 하며 "얘들아~ 이제 그만 자자~"라고 말하곤 해. 엄마 아빠를 닮은 너희를 기다리며, 우리도 함께 포근한 꿈나라로 떠나곤 한단다.

컷

 딱딱한 의자에 앉아 하루 종일 일하다 보면, 문득 너에게 미안한 마음이 들어. 사무실에선 잠깐 쉬는 것도 눈치가 보여. 그래서 어쩌면 너도 엄마랑 하루 종일 함께 일하고 있는 건 아닐까 하는 생각이 들기도 해. 퇴근해서 집에 돌아와 임산부용 바지를 벗으면, 그제야 내 배가 다시 불룩 올라와. 좁은 공간에서, 게다가 옷 때문에 더 조였던 그 공간에서 너는 비로소 조금은 자유로워지겠지. 그제야 나는 너를 조심스럽게, 부드럽게 쓰다듬어. 그러다 보면 눈물이 나. 미안해. 정말 많이 미안해.

일을 마치고 집에 와서 양말을 벗으면, 발목에 선명하게 자국이 남아 있어. '사람 발이 이렇게까지 부을 수 있구나' 싶을 만큼 퉁퉁 부은 발을 보면, 나도 모르게 놀라게 돼. 피부를 손가락으로 눌러보면, 마치 스펀지처럼 쑥 들어갔다가 천천히 올라와. 양치할 때는 치약이 배 위로 툭 떨어지는 일도 많아. 그 모습을 보면 괜히 웃음이 나. 배가 너무 많이 나와서 허리를 숙이기도 점점 힘들어지고, 이젠 양말을 신거나 발톱을 깎는 일도 아빠의 도움이 필요해졌어. 엄마와 아빠는 이렇게 너를 만날 준비를 하고 있어.

액션
Action

컷

S#1.

너를 만나기로 예정된 날이 벌써 일주일이나 지났어. 의사 선생님은 아직 며칠은 더 기다려야 할 것 같다고 하셨지만, 그날 저녁 엄마는 갑자기 배가 너무 아팠어. 정말, 너무 아파서 '이대로 병원에 입원해야 하는 걸까?' 하는 생각이 들 정도였지. 침대 끝을 붙잡고 눈물까지 흘리다가, 결국 너무 아파서 병원으로 갔어. 그랬더니 의사 선생님께서 "조만간 아기가 나올지도 몰라요"라고 하시는 거야. 순간 무섭기도 했지만, 드디어 너를 만날 수 있다는 생각에 마음이 두근두근 설렜어.

그리고 토요일 늦은 밤, 드디어 너는 엄마 아빠 앞에 나타났어. 처음 너를 본 순간, 아빠는 눈물이 났대. 엄마가 너를 처음 품에 안았을 때, 너는 정말 신기하게도 웃고 있었어. 마치 "엄마~ 반가워요. 제가 별이에요!" 하고 인사하는 것처럼.

S#2.

너무 작은 너를 목욕시키는 건 정말 어려운 일이었어. 꽉 잡자니 네가 아플까 걱정되고, 살살 잡자니 욕조 안으로 미끄러져 들어갈 것만 같았거든. 할머니와 함께 너를 목욕시키는 날이면, 나도 할머니도 작은 너 하나 씻기느라 온몸이 땀범벅이 돼. 그래도 작고 예쁜 너를 다 씻기고 나면, 너는 더 예뻐지고 더 천사 같아 보여. 목욕을 마치고 두 팔을 번쩍 올린 채 곤히 잠든 너를 보고 있으면, 정말 천사가 따로 없지. 그런 너를 바라보기만 해도 엄마는 너무 행복했어.

S#3.

너에게 고백할 게 있어. 그때 정말 미안했어. 엄마도 잘 몰라서 그랬어. 이해해 줘. 목욕물 온도가 너에게는 너무 뜨거웠나 봐. 엄마는 그 정도는 괜찮을 거라고 생각했는데 말이야. 목욕물에 너를 살짝 담그자마자, 너는 그 조그만 고사리 같은 손으로 내 옷을 급히 당기고, 엄마의 안경을 잡아 벗겼어. 너도 놀랐고, 나도 놀랐고, 옆에 있던 할머니도 놀랐어. 그땐 우리 모두 처음이라, 뭘 잘 몰랐던 거야. 그 물이 너에게 얼마나 뜨거웠을지 생각하면 지금도 많이 미안해. 다시 한 번 진심으로 사과할게. 정말 미안해.

S#4.

그러고 보니, 미안한 게 또 하나 떠오르네. 있잖아, 목욕을 다 시키고 나서였어. 배꼽에 아직 붙어 있던 탯줄을 살짝 들어서 소독을 하려던 순간, 그만 탯줄이 툭 떨어지고 말았어. 아직 떨어질 때가 아닌 것 같았는데, 그렇게 먼저 떨어지고 말았지. 그 자리에 아주 선홍빛의 작고 예쁜 배꼽이 드러났어.

너 요즘도 가끔 그러잖아. 왜 네 배꼽은 오이배꼽이 아니라 참외배꼽이냐고. 설마, 그때 그 일 때문은 아니겠지? 엄마는 네 배꼽이 참 귀엽고 사랑스럽기만 한걸.

S#5.

주변에 엄마보다 먼저 아기를 키운 사람이 많지 않아서, 엄마는 너를 키우면서 '육아대백과'라는 책을 자주 들여다봤어. 예방접종은 어떻게 해야 하는지, 아기가 우는 이유는 뭔지, 그리고 어떻게 우유를 먹여야 하는지 등 책에서 많은 걸 배웠지. 책은 산부인과나 소아과 선생님처럼 전문가들의 말이니까 믿고 따라야 한다고 생각했어.

그런데 말이야, 책에서는 젖꼭지가 때가 되면 자연스럽게 나오게 된다고 해서 일부러 빼거나 하지 말고 그냥 두라고 하더라고. 그래서 그때 엄마는 그렇게 한 거야. 할머니, 외할머니는 그렇게 두면 안 된다고 했지만, 책에서는 그렇게 하라고 해서 엄마는 믿고 따랐어. 그래서 그렇게 됐어. 엄마도 너무 미안해서 소아과 선생님한테 물어봤지. 요즘에는 의술이 좋아서 그런 건 별로 신경 쓰지 않아도 된다고 선생님이 말씀 하셨지만, 그래도 엄마는 미안한 마음이 들어. 한쪽 젖꼭지가 그렇게 된 건, 고모가 네 젖꼭지를 빼다가 엄마한테

컷

걸리는 바람에…… 엄마가 소리치면서 그만하라고 해서, 중간에 그만해서 그래.

  그래서 그렇게 됐어.

  그거라도…….

S#6.

네가 우는 이유를 도무지 모르겠어.

금방 먹었으니 배가 고픈 것도 아니고, 기저귀도 막 갈았고, 자다가 이제 막 일어났으니 잠이 오는 것도 아닐 테고. 도대체 왜 우는 거야? 나도 울고 싶다. 도대체 왜 우는 거야! 제발 울지 마! 엄마도 울고 싶단 말이야!

엄마는 그렇게 너랑 같이 많이 울었어. 너는 계속 울고, 나는 그 이유를 몰라 계속 울고, 우리는 둘 다 울었지. 계속 울었지. 어느 날, 아빠가 퇴근하고 오더니, 너랑 나랑 같이 울고 있는 걸 보고 정말 많이 당황해했어. 아빠가 너를 안고 밖으로 나갔더니, 네가 울음을 멈췄어. 울다 지쳐서 그만 우는 건지, 아니면 시원한 바깥바람을 쐬고 울음을 멈춘 건지 모르겠지만.

엄마는 씽크대에 기대어 쪼그려 앉아서 울기도 많이 울었어. 생각해보니 엄마도 울고 싶을 때가 많았네. 너를 키우면서 말이야. 그러니까, 엄마 말 좀 잘 들을래?

S#7.

어떤 날은 너를 차에 태우고 잠을 재웠어. 잘 듯 잘 듯하면서도 안 자고 칭얼대는 너를 어떻게 해야 할지 몰라서 일단 데리고 나왔지. 차에 태워서 동네 공원 근처를 계속 돌았어. 네가 잠든 것 같아 집으로 돌아와 너를 살짝 다시 눕히자마자 또 다시 칭얼대더라고. 엄마 아빠는 너를 안고 흔들흔들하며 재우려 했지만, 너무 힘들어서 청소기를 틀어 놓기도 하고, 드라이기를 틀어 놓고 백색소음을 만들며 너를 재우기도 했어. 귀에 대고 '쉬-' 하는 소리를 계속 내기도 하고 말이야. 어떤 날은 내 배 위에서 너를 재우기도 하고, 또 어떤 날은 너를 업고 식탁 의자를 뒤집어 기대어 앉아서 같이 자기도 했지. 그 많은 밤을 너와 함께, 한 몸처럼 붙어서 보냈지. 어떤 날은 밤에 너를 안고 나가다가 옆집 사람과 눈이 마주쳤는데, 그분은 마치 내가 겪고 있는 고충을 다 알고 있다는 듯 웃으시더라고. 이제 벌써 내가 그렇게 웃어줄 수 있는 사람이 됐네.

S#8.

너를 만나러 가는 수요일이야. 엄마 아빠 둘 다 야근도 잦고 해서 어릴 때는 할머니가 너를 돌봐주셨지.

별이 네가 18개월이 될 때까지 수요일에 너를 보고, 금요일에 만나고, 일요일에는 다시 헤어져야 했어. 지금도 그게 너무 미안해. 그때는 그게 최선이라고 생각했어. 그렇게 미안한 마음을 안고 있었지만, 너를 만나는 수요일과 주말은 엄마 아빠에게 너무나 행복한 시간이었어. 현관문을 여니, 보행기를 타고 있는 네가 있는 거야. 한 발씩, 한 발씩 보행기를 밀고 다니는 널 보니, 너무 신기했어. 어느새 많이 컸구나…… 너를 만나러 가는 또 다른 주말이었어. 이번엔 너의 분홍빛 잇몸에서 흰 아랫니 두 개가 쏙 올라왔지. 어느 날은 네가 보행기를 씽씽 잘 밀고 다니더니, 윗니도 또 나왔어.

정말 너무 신기하고 신비로운 경험이었어. 손수건으로 잇몸을 닦아주던 때가 얼마 되지 않았는데, 그게 벌써 이렇게 시간이 지나버린 거야.

S#9.

"한낮에 왜 벌써 별이 떴네!"라고 말하던 할머니 댁 이웃 할머니들이 생각나. 일요일 오후, 너를 할머니 댁에 데려다주러 가면 이웃집 할머니들이 그렇게 말씀하셨거든. 별은 밤에 떠야 하는데, 너를 너무 일찍 데려다 준다고 하신 말씀이야.

할아버지는 네가 보고 싶으시다고 빨리 데리고 오라고 하셨는데, 이웃집 할머니들은 할머니가 너희를 돌보시느라 힘드실까 봐 엄마한테 일부러 그런 말씀을 하신 거야.

애들아, 그런데 별은 낮에도 떠 있는 거잖아, 그치?

S#10.

젖병을 꼭 쥐고 땀을 뻘뻘 흘리면서 네가 분유를 먹고 있었어. 젖병 꼭지를 빠는 소리가 쌕쌕 날 정도였지. '배가 많이 고팠구나' 하는 생각이 들기도 했고.

그런데 알고 보니, 그건 네 젖병이 네 개월 수에 맞지 않아서 그런 거였어. 책에서 본 기억은 있었는데, 깜빡하고 너한테 맞는 젖병으로 교체를 안 한 거야.

젖꼭지에 구멍이 네 개 나 있는 걸로 바꿔줘야 했는데, 그걸 몰라서 구멍이 하나짜리 젖병을 물게 해버렸으니…… 네가 땀을 뻘뻘 흘리며 빨 수밖에 없었던 거지.

급한 대로 바늘로 구멍을 냈는데, 이번엔 너무 크게 뚫었는지 한꺼번에 분유가 너무 많이 나와버려서…….

그러고 보니, 너는 젖꼭지 단계를 그냥 훌쩍 뛰어넘은 아이가 되어버렸네. 이것도 참 대단한데.

S#11.

　동생은 두 살 터울이 좋겠지? 그러면 같이 학교 다니기도 좋고. 그렇지 않을까?

　엄마는 오빠, 언니, 동생이랑 다 두 살 터울이었거든. 그래서 학교 다닐 때는 언니가 나를 데리고 다니고, 또 나는 동생을 데리고 다녔어. 그게 참 좋았어.

　그래서 엄마도, 너에게 꼭 두 살 터울 동생을 만들어주고 싶었단다. 이왕이면 동성인 여동생으로. 좋지 않아?

　그래서 엄마, 아빠가 마음먹고 노력해서 딱 맞춘 두 살 터울 여동생, 바로 봄이가 태어난 거야. 동생이랑 터울이 많이 나지 않아서 더 좋은 거야. 친구 같고, 같이 놀기도 좋고.

　그러니까…… 좀 사이좋게 지내라. 좀 싸우지 좀 말고.

S#12.

이유식이 된장찌개에 두부야. 봄이 이유식 말이야.

별이 이유식은 할머니가 매번 만들어 주셨어. 그래서 엄마는 이유식을 직접 만들어 본 적이 거의 없었던 것 같아.

봄이는 그냥 처음부터 밥에 된장찌개 국물이랑 두부를 으깨서 비벼주니까 잘 먹더라고. 그게 엄마가 봄이에게 만들어 준 이유식이었던 것 같아.

봄이는 숟가락도 혼자서 잘 쥐고, 밥도 혼자 잘 먹었어. 그러고 보니, 봄이는 잠투정도 거의 없었네.

업어주면 더 불편해하는 것 같아서, 눕혀 놓으면 혼자서 이불을 만지작만지작 하다가 이리 뒹굴, 저리 뒹굴 하다 어느새 잠들었던 것 같아.

그땐 참 효녀였구나. 지금은…… 음, 지금도 효녀고.

봄아, 네가 생각해도 네가 효녀 맞지?

S#13.

업고 잡고, 들고. 이게 무슨 말인지 알아?

봄이를 업고, 한 손으론 별이 손을 잡고, 다른 손엔 기저귀 가방을 들고 다니다가 엄마랑 같은 회사 다니시는 분을 길에서 만났지 뭐야.

항상 정장 차림으로 일하던 모습만 보시다가, 아기 엄마처럼 그렇게 있는 엄마를 보고 그분이 엄마보다 더 당황하시는 것 같았어.

물론 나도 좀 당황스럽긴 했지만 말이야. 그땐 아이 키우는 것도 눈치가 보이던 시대였지.

엄마는 그렇게 힘든 시절을 다 견디고 너희들을 잘 키워낸 거라고! 엄마 꽤 대단하지?

S#14.

회식한 날 퇴근길, 할머니 댁에서 너희들을 데리고 오는 건 정말 힘든 일이었어. 아빠가 데리러 가면 좋을 텐데, 아빠도 일이 많아서…… 그래서 최대한 술을 안 마신 척하고, 술 냄새를 최대한 없애려고 애쓰면서, 최대한 자연스럽게 행동하려고 했지. 그리고 너희들을 데리고 집으로 왔어.

어쩌면 할머니는 그걸 다 알고 계셨을지도 모르겠다.

그러다 한참 뒤에는 그냥 술 마셨다고 당당하게 말씀드렸어. 할머니는 엄마가 일하는 사람이라 어쩔 수 없다는 걸 이해해 주셨으니까.

S#15.

 '예쁜 아기 착한 아기, 우리 공주님~ 하늘에서 내려주신 예쁜 공주님~ 엄마 사랑받고서 튼튼하게 자라라, 아빠 사랑받고서 건강하게 자라라~ 한별아 사랑해~ 한봄아 알러뷰' 이 노래, 엄마가 너희들을 위해 직접 만든 자장가야. 자주 불러줬던 거 기억나지? 너희들을 토닥토닥 재우면서 이 노래 많이 불렀었는데……

 조금 커서는 같이 부르기도 하고, 가끔은 너희들이 엄마를 재워주겠다고 부르기도 했지. 엄마 좀 멋지지 않아? 너희를 위해 직접 작사 작곡한 자장가가 있다는 사실!

S#16.

가끔은 너희 두 명을 한꺼번에 돌보기가 힘들 때도 있었어. 어느 날 별이만 데리고 어디 나가려고 할 때, 봄이 네가 따라 나오면서 혼자서 신발을 신는 거야. 자기도 같이 가겠다는 표정을 지으면서 말이야!

그 순간, 너무 미안한 마음에 눈물이 왈칵 쏟아질 뻔했어. 엄마가 많이 미안하고, 많이 부족하구나 하는 생각이 들었지. 아직 말도 잘못하는 봄이 네가 신발을 신으면서, 그 크고 초롱초롱한 눈으로 나를 올려다보던 표정이 아직도 너무 생생해.

S#17.

오른손 엄지손가락 뼈가 보일 정도로 다쳤었어. 사기 화분이 깨진 걸 모르고 화분을 들다가 순식간에 엄지손가락 마디 부분이 2센티미터 정도 베였어. 너무 순식간에 베여서 아프다는 말도 할 틈이 없었지.

아빠는 비상근무 중이라 올 수 없었고.

지혈을 하려고 왼손으로 오른손 엄지손가락을 꾹 누르고 머리 위로 손을 올리며 비를 맞고 집 근처 응급실로 갔어. 어린 너희들을 집에 두고 가는 게 더 걱정이라, 너희들에게 엄마 뒤를 따라오라고 했지. 너희 둘이 큰 노란 우산을 꼭 잡고 같이 쓰고 졸졸 따라오는 걸 보면서, 내 아픔을 잠시 잊었어. 너희들이 너무 귀여웠거든.

아직도 엄지손가락에 꿰맨 흉터를 보면, 그때 너희들이 생각나. 병아리처럼 졸졸 따라오던 모습이.

S#18.

'차에서 잠들면 어떡해?' 이게 무슨 말인지 알겠니? 차에서 너희 둘 다 잠들 때가 엄마가 제일 난감한 순간이야. 이제 막 깊은 잠에 빠져서, 깨워도 잘 일어나지 않거든.

퇴근하고 할머니댁에서 우리 집까지 오는 그 잠깐 사이에 너희들이 잠 들어버린 거지. 별이를 업어서 집에 데리고 가서 뉘어놓고 차로 다시 왔더니, 그 사이에 봄이가 깨서 울고불고 난리가 난 거야. 그 잠깐 사이였지만, 혼자서 얼마나 무서웠을까, 일어났는데 엄마도 없고.

너무 미안했어.

그래서 그 이후로는 자고 있어도 절대 혼자 두고 갔다 오지 않았어. 그래서 자는 너희 둘 중 한 명을 깨워서 걸리고 가든지, 아니면 한 명은 안고, 한 명은 업고 가든지 했지. 혼자서 업고 안고 할 수가 없어서, 지나가던 경비 아저씨께 자는 너희를 좀 업혀 달라고 부탁한 적도 있고, 엘리베이터 버튼을 눌러 달라고 한 적도 있지. 경비 아저씨가 걱정스러운 눈으로 보기도 했지만 말이야.

 어쩌면 엄마가 대단한 사람이라고 생각했을 수도 있지 않을까? 지금 생각해보니, 그때 엄마는 어쩌면 슈퍼우먼이었는지도 모르겠다.

S#19.

'옷 사러 가는 게 뭐라고!' 한 번은 어린 너희들끼리만 집에 있었던 적이 있었어. 어릴 때 말이야.

휴일이었는데, 엄마는 사무실에 일하러 가면서 아빠에게 너희들을 잘 돌보라고 했지. 그런데 엄마가 퇴근하는 길에 아빠에게 너희들이 잘 놀고 있냐고 물었더니, 아빠는 할머니한테 너희들을 부탁하고 옷을 사러 나왔다고 하더라고.

그래서 할머니께 너희들이 잘 놀고 있냐고 전화를 드렸는데, 할머니는 너희들이 집에 없다고 하시는 거야. 집에 없어서 그냥 집만 좀 치우고 할머니댁으로 다시 가는 길이라고. 그 순간 엄마 머릿속이 하얘지면서 덜컥 겁이 나고 무서웠어. 너희들이 없어진 줄 알았거든.

아빠한테는 아이들이 없어졌다고, 도대체 어떻게 된 거냐고 따져 묻고, 할머니한테는 다시 집에 가 보라고 하고 난리가 아니었지. 엄마도 집으로 가는 동안 운전을 어떻게 했는지 기억도 안 날 정도로 제정신이 아니었어.

집에 와보니 할머니가 먼저 와 계셨고, 너희들도 할머니 곁에 앉아 있었어. 그걸 보고 정신을 차리긴 했지만, 한참 동안 손이 떨렸어. 아빠는 할머니가 집 근처까지 오신 걸 알고, 너희들이 자고 있어서 할머니가 오시기 전에 집에서 나갔던 거야. 할머니는 집이 너무 조용해서 너희들이 없는 줄로 아셨던 거지. 너희들은 자고 있었는데 말이야.

 다시는 그날을 떠올리고 싶지 않을 정도로, 그날은 정말 힘든 날이었어. 너희들의 존재가 엄마 아빠에게는 그렇게 큰 의미가 있다는 걸 그날 절실히 느꼈어.

S#20.

허스키한 네 목소리를 듣고 깜짝 놀랐던 적도 있어. 얼마나 울었을까, 한참을 울었겠지. 얼마나 무서웠을까.

아마도 할머니가 봄이 너를 재워두고 잠시 아파트 1층 할머니 친구네 댁에 놀러 가셨나 봐. 출장을 갔다가 조금 일찍 마쳐서 너를 데리러 할머니 댁에 좀 일찍 갔지. 그런데 할머니는 안 계시고, 네가 혼자 울고 있는 거야.

얼마 안 돼 할머니가 다시 오셨고, 엄마는 할머니께 아기를 혼자 두고 가시면 어떻게 하냐고 따져 물었던 것 같아. 할머니는 잠시 갔다 온 거라고 말씀하셨지만, 엄마는 네 생각만 했지. 너무 울어버린 탓일까, 목소리가 다 쉬어버린 너를 보면서 말이야.

S#21.

도대체 머리를 어떻게 한 거야!"

별아, 그거 기억나? 다시 생각해도 정말 아찔하다. 네가 네 머리카락을 자른 날 말이야.

퇴근하고 너를 데리러 할머니 댁에 갔더니, 할머니가 어쩔 줄 몰라 하면서 울고 계시더라고. 할머니가 욕실에서 잠깐 빨래하고 계신 사이에, 네가 네 머리카락을 자른 거였어. 너무 짧게, 또 듬성듬성하게 자른 거야.

게다가 어떤 곳은 가위로 까딱 잘못하면 두피까지 상처를 낼 정도로 바짝 자른 부분도 있었지.

아마 평소에 할머니가 너희 머리 정리해 준 걸 보고 너도 따라 해본 거겠지. 할머니는 엄마한테 안 좋은 소리 들을까 봐 걱정도 되셨을 테고. 머리카락이 이상하게 잘려서 바보처럼 보이는 너를 보면서 정말 큰일이 난 줄 아셨을 거야. 엄마도 현관문을 열자마자, 그 상황을 보고 적잖이 당황했어.

할머니는 울고 계시고 네 머리는 엉망이 되어 있었고……

머리카락이 어느 정도 자라기 전까지, 어린이집 보낼 때마다 선생님께 조금 부끄럽기도 했어. 애 머리가 그랬으니까.

S#22.

 그러고 보니, 언젠가 다리에 힘이 없어 못 걷겠다고 한 적도 있었지. 사무실에서 한창 일하고 있었는데, 할머니가 급하게 전화하셨어. 빨리 집에 와 보라고.

 별이 네가 못 걷는다고 얼른 병원에 가야 한다고 하시면서. 큰일 났구나 싶어, 급히 정리하고 집에 와 보니 할머니가 너를 업고 현관문 앞에 서 계신 거야.

 눈물이 날 것 같았지만, 꾹 참고 너를 안아 내리고는 걸어 보라고 했더니, 네가 잘 서고 잘 걷고, 심지어 뛰는 거야. 할머니와 엄마는 그제야 안도의 한숨을 쉬었지. 눈물을 흘리며 말이야.

 너는 뭐가 잘못된 건지도 모르고 아무렇지 않게 아파트 복도를 잘 뛰어다녔어. 할머니는 안도감과 당혹감, 혼란스러움이 뒤섞여서 계속 말씀하셨지. 별이 네가 다리에 힘이 없어 못 걷겠다고 했다면서, 아까 푹 주저앉았다고 그러시면서 말이야. 그런 장난을 친 너를 혼내지도 못하고.

S#23.

네 얼굴이 완전 엉망이 된 날도 있었지. 어린이집에서 할머니 댁에 오는 도로에 새로 깐 아스팔트 가루에 미끄러지면서 얼굴 전체를 완전히 갈았어. 퇴근하고 집에 오니, 봄이 네 얼굴은 온통 벌겋게 갈려 있었지. 병원에 안 가려고 너무 떼를 쓰고 울다가 잠이 들었고, 아침에도 병원에 안 가려고 했어. 엄마도 사무실에서 오전에 회의가 있어서……

시간이 지나니 네 얼굴이 진정되고 딱지가 생기더라구. 그렇게 어린이집도 못 보내고, 며칠이 지나니 딱지도 떨어지고 얼굴도 좀 나아졌지. 그런데 작은 아스팔트 가루가 코 밑에 남아 있는 상태로 그 위에 새살이 나면서 그 부분이 점처럼 돼버렸어.

어느 날 네가 계속 손으로 코를 가리길래, 왜 그러냐고 물었더니, 너는 친구들이 계속 코 밑이 이상하다고 해서 그냥 손으로 가린다고 했지. 또 친구들에게는 연필로 그어서 그런 거라고 거짓말을 했다고 하더라고.

컷

 그 말을 듣고, 그날 바로 병원에 데려가지 않은 게 너무 미안했어. 엄마가 바쁘다는 핑계로, 어쩌면 네가 병원에 안 가길 바랐던 건 아닌지 그런 생각이 들기도 했고.
 얼마 뒤 아스팔트 가루를 제거하기 위해 성형외과에 가서 시술을 여러 번 해야 했지. 그 시술 덕분에 아스팔트 가루는 제거했지만, 새살이 나면서 코 밑에 흉터가 남았어. 흉터가 있어도 봄이는 원래 너무 예뻐서 괜찮다고 말하면서, 혹시 전쟁이 나서 엄마랑 헤어지게 되면 이걸 보고 너를 찾을 거라고 말은 했지만 정말 미안했어. 엄마가 미안해. 아, 지금도 눈물 날 것 같아.

S#24.

'아이고, 허리야'

별이 네가 허리 숙이면서 손으로 등을 툭툭 두드릴 때 한 말이야.

어느 날 보니까 할머니가 하시던 말을 네가 따라 하고 있더라고. 아마 할머니가 너희 돌보시느라 허리가 아파서 자주 하시던 말이었겠지.

그래도 할머니는 너희 업고 계모임도 다니고 그랬어.

그냥 유모차 태워도 됐을 텐데 꼭 업고 다니셨던 것 같아. 너희 자랑도 하고, 사람들한테 보여주는 게 할머니한텐 큰 기쁨이었던 거지.

지금도 할머니가 너희들 얼마나 사랑하는지, 굳이 엄마가 말 안 해도 알지?

'전학을 시켜볼까? 외국 유학을 보낼까?' 그런 고민을 할 때마다 괜히 할머니한테 먼저 허락받아야 할 것 같은 느낌 적인 느낌!

S#25.

　돼지인형에 링겔을, 곰 인형에 침을 놓던 별이 네 모습이 아직도 생생해.

　그때 네가 그렇게 집중해서 하는 게 얼마나 귀엽던지!

　할머니, 할아버지 따라 병원이랑 한의원 다니다 보니까 본 대로 따라 한 거였어.

　그래서 '얘가 나중에 의사가 되려나, 한의사가 되려나?' 그런 생각도 했었지.

　지금은 뭐…… 무슨 일을 하든지 행복했음 바래.

　그만큼 공부하려면 음…… 우리 별이가 행복할까? 난 너의 행복이 우선이니까! 알지?

S#26.

그거 알아? 너한테는 주치의가 있었다는 거 말이야. 분홍반 선생님도 아니고, 초록반 선생님도 아니고, 아침 일찍 문 여는 소아과 선생님이 네 주치의나 마찬가지였어.

할머니 댁 근처에 사시는 할머니들이 모이면 어디 소아과가 괜찮다더라, 어느 어린이집은 어떻다더라, 그런 얘기를 많이 하시나 봐.

아무래도 손자 손녀 돌보는 분들이 많으니까 그런 정보도 많이들 나누시고.

그러던 어느 날 할머니가 엄마한테 그러셨어.

아무 병원이나 가지 말고, 그 유명한 소아과 있잖아, 분홍 선생님 있는 데로 가보라고 말이야. 근데 말이야, 나는 생각했지.

우리 별이한텐 그보다 더 좋은 선생님이 있잖아.

거의 일주일에 한 번은 갔던 것 같아, 소아과를.

약을 다 먹으면 또 감기 걸리고, 또 아프고, 또 가고……

어릴 땐 그랬잖아.

그래서 그런지 병원에 가면 선생님이 너 보자마자 이름 부르고, 며칠 전엔 상태가 이랬군요, 저랬군요 하시면서 기억도 해주시고 말이야.

그런 선생님이 주치의가 아니면 뭐겠니, 그치?

S#27.

"별이가 이렇게 활발한지 몰랐어요."

너랑 소아과 갔을 때, 한 간호사 선생님이 그렇게 말씀하셨어.

할머니랑 병원에 오면 항상 조용히 앉아서 기다리던 네가, 엄마랑 오니까 기분이 좋은지 웃고 떠들고 그런다고 하시면서 말이야.

그 얘기를 듣고 나서, '내가 미처 이런 것까지는 생각 못 했구나' 그런 생각이 들었어.

엄마는 아이들에게, 아무리 작은 일이라도 항상 필요하고 중요한 존재라는 걸.

S#28.

할아버지의 사랑은 또 얼마나 크신지.

그거 기억나지? 할아버지가 약국 가서 거의 매일 비타민도 사 오시고, 호두과자도 사 오시고 그랬던 거 말이야.

사실 엄마는 그때 할아버지가 위험하게 스쿠터 타고 가서, 약국이나 가게 직원들한테 말도 어눌하게 하시면서 그런 걸 사 오시는 게 마음에 들지 않았어.

그 사람들이 할아버지를 무시할까 봐 걱정도 됐고.

그런데도 할아버지는 매번 그걸 너희에게 주시면서 너무 행복해 하셨어.

할머니는 그럴 때마다 너희가 사달라고 하지도 않았는데, 왜 굳이 그걸 사 주냐고 핀잔을 주셨어.

할아버지의 사랑과 할머니의 사랑이 부딪히는 순간이었던 거지.

엄마는 지금도 호두과자랑 비타민을 보면 그때 생각이 많이 나.

S#29.

할아버지 생각하니 스쿠터 사고 생각이 나네.

할아버지가 별이 널 스쿠터 앞에 태우고 커브를 돌다가 시야가 가려지는 바람에 생선가게 앞에서 사고가 났었잖아. 그때 어린이집 선생님이 그걸 보시고 엄마한테 전화하셨고. 할머니는 전화를 안 받으셨고, 아빠는 출장 중이었고, 엄마는 바로 퇴근해도 거기까지 가려면 최소 40분은 걸렸어.

그 40분이 너무 지옥 같았어.

상황을 정확히 알 수가 없으니까 더 그랬지. 가는 도중에 아빠도 일찍 정리하고 온다고 연락이 왔어.

사고 난 곳에 와서는 너를 돌볼 겨를도 없이, 너를 어린이집 선생님께 잠시 맡기고, 아빠는 스쿠터에 부딪힌 아주머니를 모시고 정형외과로 갔고, 엄마는 발등에 스쿠터 바퀴가 굴러가 발등이 부은 3살 아이를 소아과에 데리고 가서 엑스레이를 찍고 그랬어.

정신없이 허둥지둥 정리를 해 가다 보니, 어린이집 선생님이 전화를 하셨지.

네가 덜덜 떨고 있으니 데리고 가서 진정시켜야 할 것 같다고 하시더라. 그제야 네가 생각났어.

우리 별이도 얼마나 무섭고 겁이 났을까.

미안하고 고마워.

그 당시에는 피해를 본 분들부터 신경을 써야 하는 상황이라서……

한동안 그분들의 진료상황과 건강 상태를 계속 신경 썼고, 뼈에 좋다는 고로쇠 물도 사다 드리고 그랬지만, 그나마 더 큰 사고로 이어지지 않아서 정말 다행이었지.

아직도 엄마 폰에는 '사고 OOO, 사고 OOO엄마' 연락처가 그대로 있어.

잘 지내시고 계시겠지.

참고로 그 일로 할아버지는 당분간 스쿠터 타시는 것도 금지되고, 용돈도 깎였지.

S#30.

'교육이 필요한 게 아니고 보육이 필요하다구요'
이 말이 뭔지 알아?
별이가 다니던 할머니 댁 근처 어린이집 기억나지?

별이가 4살 때 그 어린이집 4세반이 없어졌어. 4살반 원아 수가 줄어서 그런 거였어. 그래서 어린이집 선생님이 다른 어린이집을 알아보라고 하셨지. 그 어린이집은 할머니댁 근처인데다 원아 수가 적어서 너희들을 더 잘 돌봐주실 수 있을 것 같아 거기로 보낸 거였어. 그래서 다른 어린이집으로 너희들을 보내기 싫었어. 그냥 3세반 애들이랑 같이 수업을 해도 된다고 선생님께 그렇게 해 달라고 했더니, 법적으로 그건 안 된다고 하시더라구. 그래서 일주일 동안 퇴근하고 매일, 주변 사람들이 괜찮다고 추천하는 어린이집을 여러 군데 찾아다녔어. 너무 작고 여린 너희들을 잘 돌봐줄 수 있는 곳을 찾고 싶어서 말이야. 어떤 어린이집은 시내에서 너무 멀어서 차를 너무 오래 타야 할 것 같고, 어떤 곳은

설거지거리가 많이 쌓여 있어 위생에 안 좋을 것 같아서 싫었어. 또 어떤 어린이집은 입구에서 벨을 누르고 한참 기다려야 문을 열어주는데, 선생님들이 무슨 안 좋은 일을 하고 계셨던 건 아닌가 하는 의심이 들어서 싫었고, 또 어떤 곳은 놀이방이 2층에 있었는데 계단이 너무 가팔라서 위험할 것 같았고, 어떤 어린이집은 선생님들 표정이 너무 우울해서 너희들도 그렇게 지낼까 봐 싫었어.

그렇게 또 다른 곳을 찾다가, 결국 너희가 그 뒤에 다닌 그 어린이집을 찾았지. 그런데 그 어린이집은 원아 수가 너무 많았어. 150명 정도였으니까. 게다가 건물이 3층짜리고, 지하 1층까지 있었지. 이렇게 큰 시설에서 선생님들이 그 많은 아이들을 돌본다면, 너희에게 갈 사랑이 적어질 것 같아서 걱정이 됐지.

그래서 상담을 마친 후, 원래 너희들이 다니던 어린이집 선생님을 다시 만나러 갔어.

"선생님! 그냥 여기 그대로 다니면 안 돼요? 그냥 다니게 해 주세요!"

소용없는 일인 걸 알면서도 선생님께 억지를 부렸지.

"저희 별이는 교육이 필요한 게 아니에요! 보육이 필요하다구요. 아직 아기잖아요. 아직 아긴데……" 하면서 말이야.

그렇게 말하면서 선생님 앞에서 많이 울었어.

선생님은 그 어린이집들도 다 좋은 곳이고, 아이들은 금방 적응한다고 말씀하셨지.

지금 생각해도 울컥해지네.

다행히 너희들은 그렇게 큰 어린이집에서 잘 적응하고 잘 지냈어. 어린이집에 수영장도 있고, 지하에는 실내 놀이터도 있고, 밖에도 큰 놀이터가 있고, 외부에서 활동하는 선생님들도 자주 오셔서 그런지 너희들이 그 어린이집을 정말 좋아했지. 엄마가 어린이집 선생님 앞에서 운 게 민망할 정도로 말이야.

S#31.

　엄마 아빠가 같은 회사에 다니다 보니, 아빠가 바쁠 때는 엄마도 바쁘고, 엄마가 바쁠 때는 아빠도 바쁘고……

　그러다 보니 주말에 회사 행사 같은 게 있으면 진짜 곤란했지. 할머니께 부탁드릴 때도 있었지만, 주말만이라도 좀 쉬시게 해드리고 싶어서 너희를 행사장에 데려간 적도 많았어.

　그런데 말이야, 지금이야 '아이 많이 낳아라', '아이 키우기 좋은 세상 만들자' 이런 얘기들이 많지만, 그때는 진짜 좀 아니었어.

　아이 키운다는 게 괜히 눈치 보이고, 죄인 같은 기분이 들 때가 많았거든.

　사람마다 다르겠지만 엄마는 그랬어.

　여하튼 그때 주말 행사장에 갈 때면, 엄마 아빠는 너희를 한 명씩 나눠서 데리고 갔어.

　한 명씩 데리고 가면 그래도 눈치가 조금 덜 보였거든.

그날도 행사가 있어서 너희를 데리고 갔는데, 엄마 말고도 아이를 데리고 온 사람들이 몇 있었어.

그런데 회사에 계신 높은 분들이 아이한테는 친근하게 웃으면서 뭐라고 하신 줄 알아? "애들 데리고 온 사람들은 저쪽에서 먹어라" 이러시는 거야.

뭐, 좋게 보면 '편하게 식사하시라' 는 말일 수도 있었겠지만……

그땐 그냥 '시끄럽게 하지 말고 따로 먹어라' 라는 말로 들렸어.

괜히 애들 데리고 와서 민폐 끼친 것 같은 기분? 엄마 혼자 눈치 본 게 아니라 너희까지 괜히 눈칫밥 먹인 기분이었지.

지금 세상에 너희가 태어났으면 훨씬 더 따뜻하게, 당당하게 대접받았을 텐데 말이야. 그치?

S#32.

'선배를 미리 알면 좀 낫지 않을까?' 하는 생각에 별이 너를 초등학교 입학 6개월 전부터 피아노학원에 보냈지.

별이 네가 첫째니까 언니가 없잖아.

그래서 학교에 먼저 다니고 있는 언니들을 만나게 해주면 좋겠다고 생각한 거지.

학원에서 언니들을 알게 되면 학교 적응도 좀 수월하지 않을까 싶어서.

생각했던 대로, 학원 언니들이 별이 너를 많이 챙겨주고, 학교 이야기도 많이 해줘서 다행이었어.

피아노 치는 모습도 얼마나 대견하던지! 그렇게 초등학교 5학년 때까지인가? 피아노 학원도 꾸준히 다녔지.

엄마는 사실, 별이 네가 나중에 커서도 피아노랑 친구처럼 지내면 좋겠다고 생각했거든.

심심하거나 외롭거나 스트레스 받을 때 피아노 치면서 마음을 풀 수 있었으면 좋겠다고.

그래서 중간에 피아노 학원을 그만두게 된 게 엄마는 좀 많이 아쉬웠어.

그 마음은 지금도 그대로야.

그래도 요즘 가끔 피아노 치는 모습 보면 정말 대견하고 흐뭇해.

사실 엄마도 그때 피아노 학원 조금 다녔었잖아. 한 3개월쯤?

어릴 때 피아노 못 배운 게 늘 아쉬워서, 엄마도 한번 배워보자 하고 시작했는데, 그게 생각보다 쉽지 않더라고.

처음엔 진짜 열심히 해보자 하고 등록했는데, 선생님한테 손가락 세우라고 혼도 많이 나고 그러다 보니까 학원 가는 게 점점 힘들어졌지. 그런데 학원을 그만둔 더 큰 이유는……

엄마가 퇴근하고 너희들 다니는 학원에서 같이 피아노를 배우다 보니까, 끝나면 저녁 8시가 넘는 거야.

너희는 "엄마, 졸려…… 엄마, 배고파……" 그러는데, 그걸 보니까 엄마가 학원 다니는 게 너희한테 너무 미안해지더라고.

그래서 그냥, 시원하게 그만뒀지.

지금 생각해 보면, 어쩌면 엄마가 진짜 힘들어서 그만두고 싶었는데 너희 핑계 댄 걸 수도 있겠다 싶긴 해.

그리고 나니까, 너희가 왜 가끔 학원 땡땡이 치고 싶어 했는지 진짜 이해가 되더라. 그렇게 오래 학원 다닌 네가 참 대단하고, 존경스러운 마음까지 들었어.

엄마도 피아노 치고 싶다. 언젠가는 꼭 다시 배워볼 거야. 그때, 우리 별이가 좀 가르쳐줘야 해. 약속!

S#33.

"옷 좀 예쁘게 입고 오지" 정말 원장선생님이 그렇게 말씀하셨어? 진짜?

그랬구나…… 엄마는 전혀 몰랐어.

그때 엄마 나름대로는 예쁘게 입혔다고 생각했는데…….

피아노 학원에서 1년에 두 번, 봄 가을에 하던 그 골목음악회 말이야. 원장선생님이 그냥 실력 보여주는 자리니까 너무 신경 안 써도 된다고 했는데 정말 그런 말씀을 하셨단 말이야?

그날 너희들한테 입힌 옷도 예쁜 거였는데…….

그런 말 들었으면, 그때 엄마한테 말 하지 그랬어?

너도 기분 좀 그랬겠다. 엄마는 진짜 전혀 몰랐어. 그리고 말이야, 그날 너희들 정말 너무 예뻤거든. 공주같이! 피아노도 얼마나 잘 쳤는데.

엄마 눈에는 아직도 그날 모습이 생생해. 아무리 생각해도 이상하네……

원장선생님이 혹시 말을 잘못하신 거 아닐까? 그런 말 하실 분이 아닌 것 같은데……. 아무튼, 엄마는 그날 너희들이 정말 예뻤고 자랑스러웠어.

S#34.

"오늘 또 꼴찌야!"

네가 그렇게 말하던 게 생각나. 어린이집 등원은 항상 일등인데, 하원은 늘 꼴찌였지. 아침엔 봄이 널 데려다주고 바로 출근해야 하니까, 선생님보다 먼저 어린이집 앞에 도착해서 선생님이 오시길 기다리곤 했어.

선생님이 출근하시자마자 너를 데리고 바로 들어가셨지.

그런데 하원 할 땐 상황이 반대였어. 선생님이 다른 교실 정리 다 하고, 가방도 다 챙기고, 마지막으로 너를 데리고 기다리고 계신 경우가 많았거든.

그럴 때마다 너는 작디작은 네 발로 바닥을 구르면서 "오늘 또 꼴찌야!" 이러곤 했어. 그 말 들을 때마다 엄마는 선생님께도, 너한테도 미안했어.

가끔은 너보다 더 늦게 친구를 데리러 오는 친구 부모님이 계시면, 너는 완전히 신나서 "내가 같이 놀아줄게!" 하면서 친구랑 어린이집 놀이터에서 잘도 놀았지.

그러다 그 친구 아빠가 데리러 오시면, 엄마랑 어색하게 눈인사하고 헤어지고 그랬잖아. 그때가 진짜 엊그제 같은데…… 우리 봄이가 언제 이렇게 큰 거야!

S#35.

어린이집 등교시간보다 초등학교 등교시간이 훨씬 늦더라고.

그런데 너희들을 어린이집이랑 학교에 데려다주고 바로 출근을 해야 하니까, 어쩔 수 없이 별이를 학교에 좀 이른 시간에 데려다줄 수밖에 없었어.

그런데 교실 문이 안 열려 있어서, 그냥 학교 건물 입구에 쪼그리고 앉아 있다가 나중에야 교실에 들어갔다는 얘길 별이한테 한참 지나서 들은 거야.

그 얘기 듣고 마음이 너무 아팠어. 추운 데서 혼자 그렇게 앉아 있었을 걸 생각하니까 미안하고 짠해서…….

그래서 좀 더 늦은 시간에 등원을 시켰는데도, 어느 날은 선생님께서 전화를 하셨어. 너무 이른 시간에 아이들만 학교에 있으면 위험할 수 있으니까, 8시 10분 넘어서 등교시켜 달라고 하시더라고. 그런데 그 시간에 등교시키고 회사 가면 엄마가 너무 늦어져서……

컷

 그래서 어쩔 수 없이 봄이 다니는 어린이집에 별이 너를 잠깐 맡겨두고, 8시 10분 되면 학교 가라고 별이 너에게 말씀해 달라고 어린이집 선생님께 부탁을 드렸어.
 다행히 별이 네가 다녔던 어린이집이니까 괜찮을 거라고 생각했는데…… 별이 넌 그게 엄청 부끄러웠다고 했지.
 초등학생인데 어린이집에 앉아 있는 게 자존심이 많이 상했나 봐.
 한참 지나서 그런 마음을 얘기해줬을 땐, 엄마 마음이 또 짠하더라.
 그땐 진짜 미처 그런 생각까지는 못 했거든.
 우리 별이도 다 컷는데 말이지! 어린이집 졸업을 했다 이거지!
 졸업생을 다시 입학시킨거니 얼마나 마음이 그랬겠어.
 별이가 이해해줬으면 좋겠어.
 그때 그게 최선이라고 생각했어.

S#36.

그런데 다 큰 건 아닌 거 같아.

그거 기억나? 별이가 초등학교 들어가고 나서 급식 식판 뒤집은 거! 기억나지?

지금 생각해도 너무 웃겨.

근데 또 한편으론 별이 행동이 틀린 건 아니었던 것 같기도 해.

급식실에서 선생님이 반찬 주시면서 "식판 뒤집어요~" 하셨던 거 기억나?

아마 반찬 칸이 있는 쪽을 배식하는 쪽으로 돌리라는 뜻이었을 텐데, 우리 별이는 그 말을 그대로 받아들여서 진짜 식판을 '뒤집어버린' 거잖아!

너무 귀엽고, 또 얼마나 솔직하고 착한지.

물론 선생님들 입장에선 순간 좀…… 당황하셨을 수도 있지.

"아이고 답답해……" 싶으셨을지도 모르지만, 엄마는 그

컷

애기 듣고 한참 웃었어.
  그런 순진한 실수도 다 그 나이 때만 가능한 거잖아.
  지금 생각해도 진짜 우리 별이 귀엽다, 귀여워!

S#37.

워터파크 놀러갔다가 길 잃어버렸던 것도 기억나지?

친구들이랑 같이 갔었는데, 친구들 잃어버렸다고 너 울면서 엄마한테 전화했었잖아. 그때 엄마 진짜 심장이 덜컥 내려앉아.

가기 전에 엄마가 얼마나 말했니!

친구들하고 꼭 손잡고 다니라고, 절대 혼자 떨어지지 말라고 신신당부했는데 말이야.

그런데 금방 다시 전화가 왔지. 미아 찾기 방송 나와서 친구들 다시 만났다고.

얼마나 다행이었는지 몰라. 엄마도 그제야 숨 좀 돌렸지.

그런데 말이야, 진짜 웃긴 게 뭔지 아니?

네가 친구들 잃어버린 이유가, 튜브 타고 물 위에 둥둥 떠서 하늘만 보고 있다가 정신을 차리고 보니까 친구들이 안 보였다고 했잖아!

아 진짜, 그 얘기 듣고 엄마 혼자 빵 터졌다.

컷

우리 별이, 진짜 넌…… 음, 달라.
그게 또 별이 너의 매력이지.
엉뚱하고 귀엽고, 볼수록 웃음 나게 하는 그런 특별함!

S#38.

"엄마 여기 내 아파트 근처야."

네가 시내 놀러 갔다가 시내버스 타고 집에 혼자 온다고 했잖아.

근데 반대 방향 버스를 탄 거야. 결국 또 전화가 왔지.

별아, 사실 그런 게 엄청 큰일은 아니야.

누구나 실수할 수 있고, 엄마 아빠도 네가 그렇게 커가는 과정이라고 생각해.

그런데 또 엄마 아빠가 걱정하는 건 말이야……

혹시라도 네가 진짜 급하게 도움이 필요할 때, 우리가 바로 옆에 있어줄 수 없다는 거야.

아무리 빨리 가도 우리는 한 시간 거리에서 일하고 있으니까.

그날도 집에 와야 할 시간이 지났는데 네 휴대폰은 꺼져 있고, 엄마 아빠 그때 진짜 안절부절 어쩔 줄 몰라 했어.

그런데 모르는 번호로 전화가 온 거야.

받았더니, 네가 폰 배터리가 없어서 길 가던 분한테 휴대폰 빌려서 전화했다고 했잖아.

엄마가 "거기 어디야?" 하고 물었더니, 네가 "내 아파트 근처 편의점 앞이야"라고 말했지.

"내 아파트? 거기가 어딘데? 주변에 다른 건물 뭐 있어? 그 편의점 이름이 뭐야"라고 물어보고 널 데리러 갔었지.

다행히 엄마 아빠가 'LH 아파트' 근처 편의점 앞에서 금방 널 찾긴 했지만, 그때 널 데리러 가는 길…… 엄마 아빠 마음이 어땠을지, 조금은 생각해봤으면 해.

아, 물론 지금은 우리 별이 너무 든든하지!

혼자서 부산도 잘 찾아가고, 지하철도 척척 잘 타고.

엄마는 아직도 혼자 지하철 탈 때 살짝 불안한데……

S#39.

'어른이 환생한 건 아닐까?'

그런 생각을 한 적이 많아. 그렇지 않고서야 널 이해할 수가 없거든!

정말 대단한 아이야!

한 번은 밤에 축제장에 갔었지. 축제장 양쪽으로 장난감 판매대가 쭉 줄지어 있었고. 그때, 어느 순간 네가 손바닥으로 네 가슴을 쓸어내리고 있었어.

그래서 내가 물었지, "봄아, 지금 뭐 하는 거야?"

그랬더니 네가 대답했어. "참아야 한다, 참아야 한다" 속으로 그렇게 말했다고 하더라고.

인형을 사고 싶은데, 사면 안 되니까 마음속으로 참으려 했다는 거야.

그 말을 듣고, '와! 얘 뭐지?'라는 생각이 들었어.

또 한 번은 마늘장아찌를 너무 맛있게 먹더라.

그 아린 맛이 있는 마늘장아찌를 엄마도 잘 못 먹는데, 넌 너무 맛있다고 하면서 더 달라고 했지. 그만 먹으라고 해도, 더 주라고 할 정도였어.

그걸 보고도 '얘 정말 뭐지?'라고 또 생각했지.

또 어떤 날은 쌈장에 배추쌈을 싸서 먹는 널 보면서, 그걸 어디서 본 걸까, 배추를 반으로 접어서 그 틈에 쌈장을 넣고, 또 반으로 접어서 먹고 있더라고.

그 모습을 보고 엄마는 깜짝 놀랐어.

몇 살도 안 된 애가 그러다니! '얘 정말 뭐지? 애 맞나?'라는 생각이 들었어.

그래서 엄마 아빠는 결론을 내렸어.

넌 아마도 어른이 환생한 거라고! 이게 너의 두 번째 인생이라고!

가끔은 우리보다 더 어른 같고, 가끔은 네가 엄마 아빠 마음을 읽고 있는 건 아닐까 하는 생각이 들기도……

봄아! 정말 넌 뭐니?

S#40.

'살짝 밀었는데 티 났나? 눈치가 빠르네.'

엄마는 티 안 나게 살짝 밀었는데, 봄이 네가 그런 말을 하더라고.

엄마가 집을 치운다고 이리저리 다니다 보니, 지나다니는 통로에 네가 앉아 있었어.

그때 엄마도 피곤하고 짜증이 나서 살짝 너를 밀었지, 정말 살짝. 그런데 갑자기 네가 나를 올려다보면서 "엄마! 왜 밀어?"라고 하더라고.

그 말을 듣고, 그 순간 정말 당황했어. 내 마음을 들킨 거 같아서 말이야.

그런데 그렇게 티 안 나게 살짝 밀었는데, 네가 그걸 감각적으로 캐치 할 줄은 몰랐네.

미안, 봄아. 역시 넌 내 딸이야.

S#41.

"맨날 늦게 오면서 이만큼도 못 벌어?"

봄이 네가 그런 말을 할 줄은 몰랐어.

아니, 인형은 한두 개 정도만 사야지. 친구들 하나씩 준다고 그렇게 많이 사면, 그걸 다 엄마가 사줘야 하는 건 좀 그렇지 않니?

그런데 네가 그때 그런 말을 해서, 순간 엄마가 좀 당황했어.

뭐라고 답해야 할지 모르겠더라.

그래, 엄마가 일하느라 매번 늦게 집에 오긴 하지만, 네가 그렇게 말하니까 순간 '내가 이렇게 일하면서 이것조차 못 해 줄 정도로 우리 봄이 너를 서운하게 했구나' 하는 생각이 살짝 들었어. 늘 더 잘해주고, 더 좋은 거 사 주고 싶은 마음에 일하러 가는 건데 말이야.

S#42.

　너희들 생일파티 준비해 주고, 재미있게 놀아준다고 놀이도구 만들었던 거 기억나지? 엄마 체력이 아무리 좋다고 해도, 너희들이랑 놀다 보면 금방 방전되더라. 한 번은 너희랑 너희 친구들, 그리고 친구 엄마들이랑 실내놀이터에 간 적이 있었지. 친구 엄마들은 앉아서 커피 마시고 있었고, 엄마는 너희랑 너희 친구들이랑 같이 뛰어다니면서 놀아줬잖아.

　그러다 보니까 놀이터에 있던 애들이 전부 엄마한테 몰려와서 같이 줄 서고 놀고 그러는 거야. 친구 엄마들은 자기들은 나이 들어서 힘들어서 못 놀아준다고, 엄마는 젊으니까 애들이랑 좀 더 놀아달라고 하더라고. 처음엔 그냥 같이 놀면 되겠다 싶었는데, 점점 더 많은 아이들이 몰려들고, 다들 엄마한테 매달리면서 같이 놀자고 하니까 결국 엄마가 이렇게 말했어. "애들아, 혹시 이모가 여기서 일하는 사람 아닌 건 알지? 혹시나 해서……"

컷

S#43.

"엄마들 중에 제일 젊다면서요?" 너희들 공개수업 날, 엄마 옆에 서 계시던 너희 친구 엄마가 엄마한테 그렇게 말했지. 엄마는 "아, 그런가요?" 하며 멋쩍게 웃으며 대답했어. 엄마가 별이를 27살에 낳았으니까. 게다가 별이가 큰딸이니, 친구 엄마들 눈엔 엄마가 제일 젊은 학부모로 보였나 봐. 그 당시에는 젊은 학부모냐고 물어보는 게 그렇게 중요한 일인가 싶기도 했는데, 그렇게들 이야기하는 걸 보면…… 엄마가 예뻐서 그런 거 아닐까? 맞지? 아니야?

S#44.

그러니까 네 친구들이 "너희 엄마 아이돌 같아"라고 했겠지. 별이 네 친구들이 그렇게 말했다는 걸 듣고, 엄마가 계속계속 "진짜? 진짜 그랬어? 아이돌 같다고?" 하면서 물었잖아. 아이들은 거짓말 못 한다니까. 그러니까 그렇게 말한 거지. 그때, 너 엄마가 좀 자랑스러웠겠다? 그런데 요즘은 엄마한테 왜 그렇게 말해? "친구들 데리고 올 테니까 화장하고 있어"라고 하질 않나, "화장 안 할 거면 거실에 나오지 마"라고까지 하고. 너, 좀 심한 거 아니니? 전직 아이돌한테 말이야.

컷

S#45.

사실 엄마가 직장을 다니다 보니, 너희들한테 그런 티가 나지 않게 하려고 나름 많이 노력했어. 엄마 나름대로는 말이야. 그래서 너희들 어린이집이랑 학원에 맛있는 것도 많이 사다 주고, 친구들 선물까지 챙겨 보내고 했지. 너희는 잘 기억 못 하겠지만 말이야. 사무실 눈치 보면서 외출 내고, 조퇴하고 하면서 학교 행사도 빠지지 않으려고 애썼고. 별이랑 봄이 공개수업이 같은 날, 같은 시간대일 땐 양쪽 반을 번갈아 왔다 갔다 하느라 정신이 없었지. 그럴 때마다 너희는 자기 반부터 먼저 오라고 떼를 부리곤 했고. 돌봄교실 공개수업 때도 어렵게 시간을 내서 갔더니 엄마 혼자 와 있었고, 학교에서 주관하는 사이버 학부모 교육도 신청해서 들었는데, 막상 듣는 학부모는 몇 명 안 되더라.

그래서일까? 어느 날 길에서 별이 친구 엄마를 만났는데, 엄마한테 이러는 거야. "엄마들 중에 제일 아는 사람이 많다면서요? 친하게 지내요" 이렇게 말이야. 엄마가 그런 사람이 되어 있었네. 사실 그렇게까지 아는 사람도 없는데 말이야. 그만큼 엄마가 너희 위해서, 엄마 나름대로 열심히 살았다는 거지! 너희 생각은 어때?

S#46.

'달빛 학부모 교육'인가? 교육청에서 주관한, 직장인 학부모를 위한 야간 학부모 교육이 있었지. 엄마는 너희에게 조금이라도 도움이 될 만한 정보가 더 없을까, 그리고 지금 엄마가 너희를 잘 키우고 있는 걸까…… 그런 생각이 들어서 퇴근하고 그 수업을 들으러 갔어.

그런데 강의하시는 선생님이 아이들에게 편지를 써보라고 하셨는데, 편지를 쓰다가 엄마들이 거의 다 울더라. 선생님도 울고. 그리고 진짜 더 난리였던 건, 자기 팔로 자기 몸을 감싸 안고 아이 이름을 부르면서 "○○야, 엄마 딸로 태어나줘서 고마워. ○○야, 엄마가 너의 마음을 몰라줘서 미안해. 너는 그 자체로 고귀한 존재란다……" 이렇게 말하라고 하시는 거야.

엄마도 그렇고, 다른 엄마들도 그렇고 수업하면서 정말 많이 울었던 기억이 나. 수업 끝나고 집에 가는 길, 엄마들 눈이 다 퉁퉁 부어 있었지.

 엄마들 마음이 다 그래. 별아, 봄아! 무슨 말인지 알겠지? 듣고 있어?

S#47.

   등나무 벤치 아래서 '엄마들은 이렇게 매일 아이들을 기다리는구나' 하고 생각했지. 출장을 갔다가 조금 일찍 업무를 마치게 돼 이른 퇴근을 한 날이었어. 그래서 너희들을 데리러 학교에 갔지. 오후 4시가 조금 넘은 시간이었어.

   초등학교 등나무 아래 벤치엔 아이들을 기다리는 엄마들이 가득했어. 그 모습을 보면서 순간 울컥했어.

   별이 너는……

   봄이 너는…… 그 많은 엄마들 중에 '우리 엄마는 당연히 없겠지' 생각하며 터덜터덜 걸었겠지. 그리고 피아노 학원에 갔겠지. 그리고 엄마가 오길 기다렸겠지.

   그랬겠지…….

S#48.

그 후로 너를 데리러 간 날, 나는 학교 등나무 아래 벤치에서 너를 기다리곤 했지. 그러다 저 멀리서 네가 보이면, 일부러 너한테서 최대한 먼 곳까지 가서 "봄아~" 하고 부르며 달려가 너를 안아 주었지.

내가 "봄아~" 하고 너를 향해 달려가고, 너는 "엄마~" 하면서 달려와서 내 품에 안겼지. 너도 나처럼, 그 순간 세상을 다 가진 기분이었겠지.

그렇게 널 만난 날은 우리 둘만의 데이트 날이었어. 학교 근처 예쁜 카페에 가서 무지개 조각 케이크랑 초코쉐이크를 먹고, 학교 운동장 정글짐에 거꾸로 매달리기도 하고, 시소도 탔지. 햄버거랑 감자튀김도 사 먹고.

그렇게 집에 돌아온 날은 늦은 밤까지 감동이 가라앉지 않았지. 너도 나처럼 그랬겠지. 잠든 너를 보면서 엄마는 많이 미안하고, 많이 사랑한다고 말했어. 이미 잠든 너를 재우듯, 엉덩이를 토닥이며 말이야.

S#49.

  우리는 밤 늦게 그네를 그렇게나 많이 탔지. 낮에는 엄마랑 못 놀았으니, 그걸 보충하듯이 노는 거였지. 엄마는 그런 너의 마음을 잘 몰라줬고. "늦었으니까 이번 한 번만 더 타고 가는 거다. 알겠지?" 하고 말하고, "엄마 내일 일찍 출근해야 해, 그만 가자" 하고 연거푸 말했지.

  그네를 타고 나면 시소도 타야 하고, 미끄럼틀도 타야 하고, 흔들의자에도 한 번 앉아서 흔들어야 하고. 놀이터에 있는 기구들을 다 타고 나면 시큰둥해지는 너였는데…… 그땐 그걸 잘 몰랐어. 미안해.

S#50.

"아이고. 새댁 욕봤네, 아이 낳는다고 참말로 욕봤어." 아파트 앞 채소 파는 할머니가 우릴 보고 그렇게 말씀하셨어. 별이랑 봄이, 너희는 엄마 눈엔 참 다르게 생겼는데, 다른 사람 눈엔 너희 둘이 비슷하게 보이나 봐. 다른 사람들도 종종 "쌍둥이예요?" 하고 묻곤 했고, 가끔은 "연년생이에요?" 하고 묻기도 했지.

처음에는 두 살 터울이 난다고 열심히 대답했는데, 어느 순간부터는 그냥 그렇게 말했어. "아~ 네, 쌍둥이예요", "아~ 네, 연년생이에요" 이렇게 말이지.

어릴 땐 똑같은 옷, 똑 같은 신발. 왜 그렇게 했는지 잘 모르겠지만, 지금 생각해 보니 남들 눈엔 쌍둥이처럼 보였을 것 같아. 키도 비슷하고 말이야.

S#51.

 너희들 요즘 심심하면 싸우는 것 같더라. 봄아, 넌 왜 자꾸 언니 옷 몰래 입고 그래? 언니도 아끼는 옷이라, 친구들이랑 시내 놀러 나갈 때만 입는 옷이라고! 며칠 전에도 언니한테 혼나고 안 그러겠다고 했으면서, 오늘 또 왜 그랬어? 언니가 짜증낼 만도 하네.

 그리고 별아! 넌 동생이 네 옷 좀 입을 수 있지. 그걸 가지고 이렇게 늦은 시간에 소리 지르며 싸우고 그러니! 더 혼내기 전에 둘 다 서로 사과하고 그만해라. 엄마 한다면 하는 무서운 사람인 거 알지?

S#52.

언제는 언니가 네 목숨을 구해 준 생명의 은인이라고 하더니 말이야! 언니가 두 번이나 너를 살려준 사람이었잖아. 네가 언니 수학여행 갔을 때, 언니 보고 싶다고 하면서 언니에게 편지 썼던 거 기억나지? 그때를 생각하면서 언니한테 잘해라.

언니가 수영장에 빠진 너를 구해주고, 또 한 번은 오토바이 탄 사람이 네 가방 훔치려고 할 때 언니가 네 몸 당겨서 사고 막았잖아. 네가 네 입으로 언니가 네 생명의 은인이라고 하면서, 요즘 언니한테 너무 심하게 대하는 것 같더라.

언니처럼 착한 언니가 세상에 또 있는 줄 아니? 너는 정말 행복한 거야, 봄아!

"그래 봄아! 넌 행복한 줄 알아라. 나 같은 언니가 있어서!"

별아, 네가 그렇게 말하니까 좀 당황스럽네.

S#53.

 아침 출근을 미루고 녹색어머니 교통봉사 활동을 한 적이 있었어. 봄이가 초등학교 졸업하기 얼마 전에 말이야. 그때 정말 많은 생각을 했지. 별이가 아기였을 때, 잠투정 때문에 배 위에 너를 올려놓고 잠을 재우고, 새벽까지 업고 재우던 때가 정말 얼마 안 된 것 같은데, 봄이까지 이제 중학생이 된다고 생각하니, 감격스럽기도 했고.

 맞벌이 부모라 너희들을 잘 챙겨주지 못한 미안함이 늘 죄책감처럼 따라다녔거든. 초등학교 저학년 때, 엄마 아빠가 한창 바쁠 때여서 등하교 한 번 같이 해 준 적이 없었던 것 같기도 하고. 정작 너희들이 많이 자라고 나서, 다른 어린 아이들을 위해 교통봉사 활동을 하는 내 모습을 보니, 너희들에게 너무 미안했어. 그리고 그동안 너희들 안전을 위해 교통봉사 해 준 다른 엄마들에 대한 고마움도 크게 다가왔고. 울컥하는 마음을 겨우 추스르고, 봉사를 마치고 회사로 출근하는 길에 얼마나 울었는지 모르겠다.

S#54.

"친구가 사과하면 꼭 용서해 줘야 하는 거야?"라고 묻는 봄이 너에게, 엄마는 "아니, 꼭 용서해야 하는 건 아니야. 용서는 사과를 받는 쪽에서 하는 거니까, 네가 진심으로 용서해 줄 수 있을 때 용서하면 되는 거야. 그런데 그 친구 입장에서는 사과를 했는데 내가 용서를 안 해주면 마음이 불편할 수 있으니까……"라고 말했지.

"엄마! 내 친구가 잘못이 없고, 다른 친구가 더 잘못 했는데, 내가 내 친구 편을 들어줘야 하는 거 아니야? 오해받고 있잖아. 그게 친구 아니야!"라고 말하는 너에게, 엄마는 "그래. 봄아, 그건 맞는 말이긴 한데…… 엄마는 네가 사건의 관계자가 되는 것 자체가 싫어. 그냥, 아니다. 그래, 봄이 네 말이 맞네. 친구가 곤경에 처하면 도움을 주는 게 맞지"라고 했지.

"엄마! 왜 선생님은 이게 답이 아닌데 왜 자꾸 그냥 그게 답이라고 해! 선생님이 내 말도 맞는 말이긴 한데 그냥 이번엔 이게 답이라고 하자는데, 잘못된 거 아니야!"라고 묻는 너에게 나는, "그래, 이건 선생님이 조금 잘못하신 것 같긴 한데, 선생님이 그 부분까지 생각을 못하고 다른 걸 답으로 생각하고 문제를 내셨나 봐. 이건 봄이 네가 알아서 생각해 봐, 어떻게 하면 좋을지 말이야"라고 했지.

휴, 우리 봄이 누구 닮았나 했는데…… 우리 엄마도 이렇게 힘들었겠구나 싶다.

S#55.

별아! 내가 미쳐. 뭘 잘못했는지도 모르면서 반성문을 어떻게 썼는데? 뭐? 친구한테 뭐 잘못했는지 물어보고 그거 듣고 썼다고? 아이고, 머리야. 선생님한테 넌 잘못한 학생이 아니고, 그냥 옆반에 잠깐 갔다가 선생님이 다 나오라고 혼내서서 그냥 같이 따라간 거라고 말하지 그랬어!

뭐? 그렇게 말하면 선생님이 더 혼낼까 싶어서 아무 말 안 했다고? 그렇다고 뭘 잘못했는지도 모르고 반성문을 썼다고? 그것도 옆에서 반성문 쓰는 친구한테 뭐 잘못해서 반성문 쓰는지 물어보고 따라서 썼다고? 그게 말이야? 아이고, 머리야! 우리 별이…… 참……

여보! 자기도 어릴 때 그랬어?

S#56.

"검도학원 사범님 좋아하더니, 그렇다고 사범님 군대 간다고 우니?" 본인은 금방 사랑에 빠지는 금사빠라고 말하는 봄이 너를 보면서, 참 사춘기 딸 키우기 쉽지 않다고 느낀다. 그리고 엄마가 쓰는 화장품보다 너희들이 쓰는 화장품이 더 많고, 그렇게 배꼽에 바람 들어간다고 해도 크롭티는 왜 입니? 샀으면 입든지, 몇 번 입지도 않고.

애들아! 엄마 말 듣고 있니? 그리고 엄마가 화장하는 걸 왜 자꾸 이상하다고 해?

그런데 너희는 화장하는 걸 누구한테 배웠어? 참, 자연스럽게 예쁘게 잘하네.

그런데 가방에 책은 안 넣어 다니고, 화장품만 가득 있네. 공부는 언제 하는데? 맨날 이런 것만 사면서 용돈은 참 잘도 받아 가네. 너무 당당한 거 아니야?

S#57.

"**엄마는 혼내다가** 더 이상 할 말 없으면 숙제했냐고 물어보더라. 그거랑 그거랑 무슨 상관이야? 언니! 엄마 좀 그렇지 않아? 그리고 그렇게 영화 보고 드라마 보고 울면서 이럴 때는 혼도 잘 낸다니까! 언니 내 말이 맞지?"

언니랑 손발이 척척 맞는구나!

어릴 때는 너희들 혼내고 나서 내가 더 미안해서 울었는데, 이젠 뭐 좀 컸다 이거지? 그런데 너희들 방 청소는 했니?

컷

S#58.

 어릴 때부터 스스로 학습하는 게 중요하다고 생각했는데, 스스로에게 너무 맡긴 걸까? "엄마는 다른 엄마처럼 시험 못 봐도 혼 안 내서 좋아" 그렇게 말하는 너희들에게, 이제 엄마가 해 줄 말은 이것뿐이야.
 "행복하니? 행복해라. 부디 커서도 행복하길 바란다"

S#59.

꼭 공부 아니더라도 하고 싶은 걸 찾아보라고 했더니, "지금 꼭 하고 싶은 게 있어야 하는 건 아니잖아! 어른도 하고 싶은 걸 못 찾은 사람이 있고, 또 하고 싶은 게 바뀌기도 하고!"

그래, 봄이 말도 맞지. 꼭 지금 당장 하고 싶은 게 있어야 하는 건 아니지. 그래도 네가 뭘 하고 싶은지 한 번쯤은 고민해 봐. 네가 기분 좋게, 행복하게 할 수 있는 일이 뭔지 말이야.

S#60.

"엄마, 나 오늘 수학 객관식은 3번으로 다 똑같이 찍었어. 그런데 우리 반 공부 잘하는 애가 정답이 3번이 제일 많았다고 하는 거 있지?"

와! 말로만 듣던, 한 번호로 다 찍는 사람이 우리 집에도 있었네? 이거 가문의 영광이네, 별아! 너 진짜 대단하다. 네가 이렇게 대범한 사람인 줄 엄마는 미처 몰랐어.

그런데…… 너희 담임 선생님 입장도 좀 생각해 줘야 하지 않겠니? 번호는 좀 섞어서 찍는 게 어때? 담임 선생님이 수학 선생님 만날 때 조금…… 부끄러우실 수도 있잖아.

"엄마! 근데 나 주관식 맨 마지막 고난이도 문제 그냥 21 썼는데, 그게 진짜 정답이었어! 나 진짜 대단하지 않아? 그리고 수업 시간에도 하나도 안 졸았어!"

별아, 너 진짜 대단하다. 주관식은 풀지도 않고 그냥 21 썼는데 정답이라니! 이건 거의 신이네, 신!

그리고 무슨 말인지 하나도 모르겠다면서 수업 시간에 어떻게 안 졸 수가 있어? 역시 우리 별이, 엄마 딸 맞네. 대단한 걸! 나중에 큰일 하겠어, 정말!

컷
Cut

컷

컷

 어릴 때는 "엄마, 언제 와?", "엄마, 가지 마!", "엄마, 안아줘!" 그렇게 외치던 너희들이, 이제는 "엄마, 왜 이렇게 일찍 왔어?", "엄마, 오늘은 회사 안 가?", "엄마, 그냥 내 방에서 잘게"라고 말하지.

 그런 너희들을 보면서 살짝 서운하고, 벌써 이렇게 많이 커버렸다는 생각에 마음이 서글퍼지기도 해.

 그런데 또 한편으로는 너희들이 하나의 독립된 인격체로 참 잘 자라주고 있다는 생각에 대견하고, 고맙고, 감사한 마음도 들어.

 어깨동무를 하다 보면 어느새 내 키보다 훌쩍 커서 이젠 내 팔을 너희 어깨 위로 올려야 하고. "엄마 좀 안아줘"하고 내가 너희들에게 애원하는 입장이 되어버렸지만, 커진 키만큼 너희들의 마음도 함께 자라나고 있다고 생각하면 참 흐뭇해.

컷

뭐라 딱 꼬집어 표현하긴 어렵지만…… 결론은, 좋은 감정이야. 아주 행복한 감정.

일하다가 문득 너희들 사진을 들여다보며 느끼는, 말로 다 설명할 수 없는 그런 좋고, 따뜻하고, 희망적인 감정 말이야.

너희들은 아마 상상도 못 하겠지만 엄마는 너희가 있어서 정말 행복해. 너희의 과거를 함께해서 좋고, 지금 이 현재를 함께 만들어 가고 있어서 더 좋고, 앞으로 펼쳐질 너희의 미래가 설레고 기대돼서 또 좋아.

그냥 너희라서 좋아. 너희의 엄마, 아빠라서 좋아. 그래서 좋아.

뒷풀이

컷

뒷풀이

컷

▶CUT2007

뒷풀이

▶CUT2009

컷

뒷풀이

컷

▶CUT2007

뒷풀이

▶CUT2009

컷

뒷풀이

컷

뒷풀이

컷

뒷풀이

컷

뒷풀이

〈줌 아웃〉

준비가(Ready) 필요하다는 거.
열심히 살아가려고(Action) 노력한다는 거.
그 과정 자체가 바로 결과(Cut)라는 거.
그렇게 육아(育兒)가 육아(育我)를 한다는 거.

(엄마, 아빠 보세요.)
엄마, 아빠 안녕하세요, 저는 최한별 입니다. 엄마, 아빠 저를 낳아 주셔서 감사합니다. 저는 엄마, 아빠가 있어서 행복해요. 엄마, 아빠 나는 엄마, 아빠 곁에 있을께요. 엄마, 아빠 나를 협동해서 낳았으니 힘드시죠? ♡♡사랑해요, 엄마, 아빠 죽어도 끝까지 사랑할께요. 엄마, 아빠 커서도 엄마가 할머니 되도 아빠가 할아버지 되도 끝까지 또또또 사랑할께요. ♡♡♡ 웃으면서 말하고 할께요. 나는 엄마, 아빠를 잊지 않을께요. 엄마, 아빠 안녕히 계세
2014. 4. 28일 한별올림